Td S3/143

DISSERTATION

SUR

LA PESTE,

Par M. Crouzet, (Stanislas) d'Aigues-Mortes, département du Gard ; ancien chirurgien, sous-aide-major de cavalerie, pharmacien interne de l'Hôtel-Dieu de Paris, ex-pharmacien de la marine royale, pharmacien major des armées d'Orient et Colonies occidentales, ex-membre des commissions temporaires de salubrité publique en Egypte, membre associé correspondant de la Société académique de médecine de Marseille, maître en pharmacie, etc.

MARSEILLE,
IMPRIMERIE DE ROUCHON,
Imprimeur du Roi, rue St.-Ferréol, N.º 7.

Août 1822.

Chaque exemplaire est signé par l'auteur.

PRIX : 1 fr. 50 c. Broché.

Se vend à Marseille,

Chez MM.
- CAMOIN, libraire, Place Royale;
- DUTERTRE, libraire, Quai du Port;
- ROUCHON, imprimeur, rue St.-Ferréol, n.º 7;
- Et chez l'AUTEUR, rue St.-Pons, n.º 1.

AVANT-PROPOS.

Qu'est-ce que nous sommes convenus, en médecine, d'appeler fièvre adynamique, fièvre pernicieuse, fièvre insidieuse, fièvre ataxique, fièvre contagieuse, sinon une fièvre du genre de celle dont le génie est éminemment malin, ou dont la malignité est le signe prédominant ? Cette épithète pernicieuse annonce déjà la gravité des symptômes dont elle s'entoure, les désordres majeurs qu'elle introduit dans l'économie animale, et le terme funeste auquel elle tend. Parmi les maladies contagieuses, la PESTE, tient, sans contredit, le premier rang, et c'est de celle dont j'occuperai l'attention publique, en raison du temps et des circonstances, où nous allons malheureusement, peut-être, nous trouver par le voisinage de l'Espagne.

Quoique ce fléau ait ravagé en différentes époques, presque toute la surface du Monde connu, et fait des victimes sans nombre, et sans distinctions d'âge, de sexe, de climat, et qui a exercé la plume non-seulement des médecins, mais encore des historiens et des poètes, un voile épais couvre encore la nature de cette maladie, ainsi que celle de sa sœur cadette (la fièvre jaune de la Péninsule) telle était en effet la condition de l'antiquité, où les études, et les travaux des savans étaient plutôt dirigés par l'amour des hypothèses et la subtilité des argumens, que par une soigneuse recherche de la vérité sur l'observation et l'expérience ; moyens trop peu suivis à cause du danger inséparable de cette espèce de maladie. En effet, la crainte qu'elle inspirait était telle, qu'on ne peut le rappeler sans effroi, l'usage barbare où étaient quelques peuples anciens de laisser les pestiférés sans secours, sans remèdes, et sans assistance; mais si, par les connaissances et les découvertes de ces derniers temps, si, par une meilleure police médicale acquise et suivie chez les nations civilisées, on est parvenus à affaiblir l'empire de certaine maladies contagieuses et meurtrières, ne peut-on pas espérer qu'on parviendra, par la suite des temps, à les éteindre entièrement, ou à les neutraliser, ou tout au moins à les dompter au grand soulagement de l'humanité ?

L'histoire nous apprend que sous le règne de Vespasiens, la peste, fit dix mille victimes, sous Néron, trente mille, et qu'à Vénise, il en périt trente mille dans le courant d'une année, ainsi que l'attestent Rammazzini, et Massa, Thucidide rapporte qu'à Athènes presque personne n'échappa au deuil, à la maladie, ou à la mort.

Que des victimes à Nimègue, à Vienne, à Marseille, à Toulon, à Aix, à Arles, à Alexandrie, à Damiette, au Grand-Caire ! Il est donc du plus grand intérêt de chercher à connaître la nature de cette redoutable maladie, qui dépeuple le genre humain. Tandis que par sa cause inconnue, et par ses symptômes extraordinaires, elle a été regardée par un préjugé des plus funestes, comme une maladie incurable, suscitée par la Divinité en courroux, pour punir les crimes de la terre, en raison des catastrophes qu'elle entraîne après elle.

DISSERTATION
SUR
LA PESTE.

1.º — La peste est évidemment une maladie contagieuse, ainsi qu'il est prouvé par les narrations historiques, sur les différentes manières dont elle a par fois ravagé l'Univers. Pour faire un tableau exact de cette maladie, j'exposerai ses caractères généraux et ses phénomènes particuliers qui en dépendent. Sa nature spécifique n'est pas plus exactement connue, que les conditions de sa transmission.

2.º — La manière la plus propre de connaître les maladies en général, est sans doute celle d'en découvrir les causes ; mais quelle confusion de principes ne trouve-t-on pas dans les différens auteurs, au sujet de la contagion ? Hippocrate y voyait un *quid divinum*, d'autres les envisageaient comme un instrument de la colère des dieux ; les uns regardaient ces maladies comme provenant de l'influence des astres ; d'autres les attribuaient à des insectes circulans dans les humeurs animales, il y en eut même qui pensèrent avoir trouvé son origine dans des semences analogues à celles des végétaux. Des chimistes, enfin, se sont imaginés d'en avoir trouvé la cause dans une mixtion de différens gaz.

3.º — Quoique les contagions, d'après les observations exactes, semblent être de nature animale et produite par une vie altérée, cependant, *Tommasini* observe que leurs natures et leurs qualités sont telles, que ni les thermomètres, ni les sens, ni l'analyse, ni le raisonnement ne sauraient les définir.

4.º — La contagion pestilentielle est de nature particulière, elle paraît tirer son origine de la Turquie et de l'Égypte, surtout, où la politique et la religion semblent armer son bras.

Il serait difficile d'assigner l'âge du Monde où elle exerça, en Égypte, ses premières fureurs, ni d'indiquer encore moins les lieux précis de sa naissance, ou de dévoiler les causes génératrices de son germe primordial.

5.º — Cette maladie redoutable n'est encore connue que par ses effets terribles; nous savons que depuis bien des siècles, elle a été fatale aux contrées Orientales, et que l'Égypte est celle où, depuis une série de siècles incalculables, elle s'est fait sentir le plus fréquemment. Moïse, un des premiers écrivains connus, qui, né en Égypte, y passa la plus grande partie de sa vie, parle de la peste comme du signe le plus manifeste et le plus redoutable de la colère de Dieu; mais en même temps comme d'une maladie trop connue des habitans des rives du Nil : aussi, lorsque Pharaon, qui régnait de son temps, voulut empêcher le départ des Juifs, ce fut de la peste que le chef de cette nation les menaça : la peste qui se manifesta dans la ville d'Athènes, 431 ans avant l'ère chrétienne, tirait son origine du Nil, ainsi que le remarque avec raison *Thucydide*.

6.° — Celle qui, en 542, ravagea toute la terre, commença, selon *Procopes*, à se faire sentir chez les peuples Égyptiens de Péluse ; de là, elle gagna Alexandrie, la Palestine, Constantinople et s'étendit successivement sur le Monde connu, qu'elle affligea pendant cinquante-deux ans ; c'est encore de l'Égypte que nous est venue la peste du quatorzième siècle, laquelle après avoir enlevé, au Caire, la moitié de ses habitans, couvrit de deuil notre hémisphère entier et particulièrement les royaumes les plus florissans de l'Europe. *Senèque*, en parlant de la véritable peste, dit que l'opinion connue publiait que cette maladie tirait sa source des débordemens du Nil, par la stagnation subséquente des eaux de ce fleuve.

7.° — Il est donc bien avéré, et malheureusement un peu trop constaté sur l'ex-armée d'Orient, pendant un séjour de 42 mois, que la peste a particulièrement affligé l'Égypte, soit qu'elle y ait pris naissance, soit qu'on l'y ait apportée ; elle y est endémique en ce sens, qu'il est de sa nature de se reproduire dans tous les lieux qu'elle a habités, et où elle n'a pas été absolument anéantie.

8.° — La peste est endémique dans l'Égypte inférieure et le long des côtes de la Syrie, puisqu'elle y règne depuis des siècles, et qu'elle était cent fois remarquée dans beaucoup de lieux, qui n'avaient entr'eux aucune espèce de communication, dit M. *Desgenettes*, (Histoire médicale de l'armée d'Orient), il paraît encore, d'après les remarques de *Mertens*, *Samaï Lowitzs*, et autres, et malgré l'avis de *Pa-*

pon; (Histoire de la peste) que c'est en Égypte que sont nées les pestes principales, qui ont fait époque dans le Monde.

Il n'est que trop certain, à la honte de toutes les puissances qui se sont successivement disputées et enlevées les rênes du gouvernement Égyptien, qu'uniquement dirigées par des vues de cupidité et d'ambition, elles ont constamment négligé, et les maux sous le poids desquels le peuple gémissait et les moyens qui se présentaient d'en diminuer la somme.

La saison pestilentielle commençait et se terminait ; cette cruelle maladie, durant son cours, avait plus ou moins étendu ses ravages, les chefs ne s'en étaient pas même aperçu ; que leur importait une calamité qui n'atteignait que des Peuples, l'objet de leur mépris, de vils esclaves ? Cette calamité passée, ils occupaient le rang suprême ; leurs ordres absolus obtenaient une aussi aveugle exécution, que leur orgueil et leur avarice ne trouvaient pas même à se satisfaire. Un seul mot émané du fond de leurs divans, eût fait éprouver une source intarissable de bienfaits ; il eût pu d'abord modérer la violence du mal, puis éloigner son retour, enfin le bannir à jamais ; mais des tyrans, des despotes, veulent-ils prononcer en sa faveur un seul mot ?

Tel était l'état des choses, quand le gouvernement Français résolut de briser le joug qui pesait sur cette superbe et malheureuse contrée. Bonaparte, qui n'eût jamais dû naître pour la paix du Monde, chargé de cette nouvelle expédition, gémit cependant à la vue des maux publics et se hâta d'y remédier : il établit des quarantaines dans tous les ports, pour s'opposer à l'introduction d'un nouveau ferment pestilentiel : il distribua des lazarets dans l'intérieur pour circonscrire chaque foyer contagieux qui y serait découvert existant, il dirigea enfin des lois de police contre la plupart des causes occasionelles de ce fléau.

Voilà pour l'humanité, ce qu'il a fait et tout ce qu'il a pu faire, pour l'extinction, ou du moins pour rendre plus rare l'existence de cette cruelle maladie, dans les pays soumis à ses armes. C'est beaucoup dans un aussi court espace de temps, dans le seul intervalle de quelques mois, que ne cessaient de réclamer avec d'égales instances, et les besoins des indigènes et l'établissement des Français, et la répression de leurs ennemis. Mais il s'en faut grandement que ce soit assez, la résurrection de la peste, que l'auteur de ce mémoire a éprouvée pour son propre compte, immédiatement après ces grandes mesures de précautions, ne saurait jamais trop applaudir pour les mesures sévères du gouvernement actuel, relativement à la fièvre jaune de la péninsule Espagnole.

9.° — Il serait donc bien instant pour l'intérêt public, qu'une maladie (la peste) si meurtrière, fut d'abord connue pour être étouffée dès ses premiers symptômes. Cependant elle prend des formes si différentes et si variées, suivant les lieux et les tempéramens des individus, qu'elle trompe souvent les observations des médecins les plus habiles, qui ne l'ont pas encore vue. La peste, dit *Russel*, est une espèce de prothée ; les symptômes varient à chaque instant, et peuvent en imposer aux plus habiles praticiens. Elle a dû, présens à l'action, et actionnaires nous-mêmes, qui, chargés du service en chef de notre partie respective dans les hôpitaux de Zirzé, Damiette et d'Alexandrie, destinés à cette maladie, nous convaincre d'un adage, qui serait d'autant plus meurtrier, qu'on lui ajouterait une foi plus entière ; l'été, dit-on vulgairement, tue la peste, (1) c'est-à-dire, que pendant l'été la constitution de l'air cessant de lui être favorable, elle cesse elle-même ses pernicieux effets. *Son germe ne meurt pas*, au moins spontanément, il dort. Au rapport de *Wanswieten*, la peste qui se manifesta à Vienne en 1677, parut parfaitement éteinte, (veuille que la fièvre jaune qui vient de ravager la péninsule Espagnole, trop voisine de nos frontières soit réellement éteinte), non, je répéterai : elle dort, notre sécurité dépendra, je ne dirai point d'un pont, mais d'un mur de fer, sur toute la ligne des Pyrénées. Revenons ; néanmoins les mêmes maisons de cette capitale de l'Autriche, qui avaient été alors infectées, le furent de nouveau, beaucoup plutôt et plus gravement que les autres, 36 ans après.

En remontant à la cause des pestes de Messine, de Rome, de Marseille, on trouve qu'elles naquirent dans des magasins où étaient renfermées des marchandises, depuis long-temps en possession de leur germe.

10.° — Il est bien avéré que pour la pro-

---

(1) Celui, j'entend, du deuxième été, bien distinct en Égypte.

duction, et la reproduction de la peste, et sa propagation, que son germe existe, que l'état de l'atmosphère aide son développement.

L'air agit moins sur le germe, que sur les corps animés ; il les affaiblit, les relâche, les dispose ainsi à concevoir un mal, qui semble se prévaloir de la faiblesse de ceux qu'il attaque par préférence. C'est sur les enfans, sur les femmes, les vieillards, sur toutes les personnes d'une faible complexion et délicate, ou, si elle ose attaquer des hommes robustes, ce n'est qu'après des excès qui ont introduit en eux une faiblesse relative et accidentelle. Ce n'est que dans la saison qui établit ce relâchement général qu'elle règne, ou si elle se présente à une autre époque, elle se montre à peine, et ne se trouve que dans des circonstances notables, par le changement de la température.

11.° — Ne soyons donc pas surpris, si maintenant cette maladie s'est fixée de préférence dans la Basse-Égypte et le long de ses côtes, de l'Ouest au N.-E., c'est-à-dire, d'Alexandrie à St.-Jean-d'Acre (Tholomaïde des anciens). En longeant la côte de Syrie, où tout amène et entretient des relâchemens excessifs; où le chaud-humide conserve son empire constant, où l'épanouissement des organes celluleux est si manifeste, où enfin les hernies, les hydrocèles, les sarcocèles, les engorgemens froids et toutes les affections qui ont la faiblesse organique pour cause principale, sont si communs.

Il est d'autres causes moins générales qui concourent au développement de la peste, que je dois faire connaître, après en avoir exposé son diagnostic.

DIAGNOSTIC.

12.° — La peste est une maladie très-aiguë et contagieuse, accompagnée le plus souvent de pétéchies, de bubons et de charbons, avec fièvre, sauf les cas où elle tue dès l'invasion même. Elle est produite par un principe, qui tantôt déploie immédiatement ses effets, et tantôt cache pendant quelque temps leur développement, ainsi que nous avons eu lieu de le remarquer en Égypte, suivant la saison et les lieux ; c'est de l'ensemble de tous ses symptômes et de la vraie connaissance de sa source, qu'on juge avec plus de fondement de son existence : quoique la plupart des symptômes connus lui soient particuliers, leur nombre, la nature et les degrés de violence, varient à l'infini, par des circonstances particulières, dépendantes de l'état météorique et atmosphérique, par les lieux et la disposition individuelle à recevoir le germe contagieux.

13.° — La peste est généralement accompagnée de fièvre qui manque quelquefois, comme l'observèrent *Hippocrate*, *Galien*, *Foreste* et quelques autres écrivains; elle s'annonce le plus ordinairement par une tristesse profonde, une grande faiblesse, un désespoir déterminé, une anxiété considérable, un changement de physionomie très-marqué, quelquefois cependant, elle ne se manifeste point par ces symptômes, et le malade meurt de l'invasion même, comme par une attaque d'apoplexie. Dans d'autres cas, elle commence par un froid qui alterne avec la chaleur, et qui, se portant à l'intérieur, laisse la surface du corps très-froid, le pouls tantôt plein, dur, fort, fréquent, surtout chez les personnes robustes, inégal, mou, faible, disparaissant même sous la pression des doigts, n'ayant aucun rithme constant (1), les yeux rouges et farouches, vertige, pesenteur de tête, douleurs très-vives, délire, la langue desséchée et noire, sans soif, ou avec une soif ardente, des douleurs passagères dans les glandes et dans les grands muscles ; des nausées suivies de vomissement de bile verdâtre, une anxiété insupportable, la respiration difficile, palpitation, syncope et stupeur, une marche chancelante, des évacuations immodérées, pétéchies larges et confluentes ou détachées, pourprées, livides, noires, indolentes, tantôt elles se manifestent après une mort violente, ainsi que j'ai eu occasion de l'observer à l'hôpital de l'Esbech (l'ancienne Damiette) où l'on trouve encore l'ancienne tour, partie écroulée, bâtie par St.-Louis, lors de la première croisade des chevaliers chrétiens, distante de trois milles de la ville moderne, sur le bord oriental du Nil.

14.° — Jusqu'ici le médecin épouvanté par les morts fréquentes, est encore incertain sur la nature de l'épidémie régnante, jusqu'à ce que, dans des jours indéterminés, et dès le commen-

---

(1) Je préviens toutes objections ou doutes que l'on pourrait faire, ou avoir sur la situation précitée du pouls, sans l'examen du tac; j'ai l'honneur d'assurer le lecteur qu'un grand nombre de médecins et chirurgiens de l'armée ont franchi le danger au lit du malade ; qu'ils ont, en audacieux, tâté le pouls, le ventre, les bubons et les charbons des pestiférés, dans l'intérêt de la science médicale.

cement de la maladie, il apparaisse des bubons ou des charbons, dans différens endroits. Ces symptômes quoiqu'ils ne soient pas toujours absolument nécessaires, ne laissent pas d'être les indications les plus sûres de la peste, surtout quand ils sont épidémiques.

15.° L'éruption d'un ou de plusieurs bubons, a été un symptôme constant : je n'en ai jamais observé au-delà de trois sur un même individu. Ils affectaient de préférence le côté droit ; leur siége a paru n'avoir aucun rapport avec l'âge du sujet; la plupart s'établissaient dans les aines ou dans le voisinage des articulations les plus exercées : il était extrêmement rare d'en rencontrer à l'entour du col et sous les aisselles. J'observe ici que je ne parle que de la peste de Damiette, pendant le cours du premier été de l'an 8. Dans celles en action à Rozette, à Alexandrie, au Grand-Caire et en Syrie, des bubons parurent également sous les aisselles, au pli du bras, au creux du jarret et autres glandes lymphatiques, cette tumeur étant produite par l'absorption des vaisseaux lymphatiques du principe contagieux, lesquels se portent directement aux glandes.

Nous avons observé avec *Cérésole* (1), sur un carabinier de la 25.ᵉ demi-brigade, dans notre hôpital (à Gisac, sur le bord occidental du Nil), en l'an 6, deux bubons, l'un au pli du bras droit, et l'autre sur l'artère appoplétique. A Jaffa, à l'hôpital du Mont-Carmel, au camp,

---

(1) Jeune médecin distingué de l'armée d'Orient, victime d'un zèle désordonné, lié d'une intime amitié, à laquelle la mort seule pouvait mettre fin.

sous les murs de St.-Jean-d'Acre, l'on a observé des bubons sous la machoire inférieure, entre les branches et l'apophyse-mastoïdiène. Dès que le bubon se manifeste, il ne paraît à la glande affectée qu'une petite élévation à peine visible, accompagnée d'une douleur profonde, sans nul siége d'inflammation ; si alors les forces du malade ne sont pas altérées, le bubon augmente de jour en jour, la douleur devient plus vive et l'inflammation survient : dans le cas contraire, la tumeur n'augmente pas, l'inflammation ne se manifeste point, la douleur calme tout-à-coup, et la mort survient le second, le troisième ou le quatrième jour. Si le malade peut parvenir jusqu'au septième, la tumeur s'élève, s'enflamme, devient douloureuse et supure ; alors tous les symptômes graves diminuent, et si l'on trouve le bubon parvenu à sa maturité, on l'ouvre, il en sort un pus plus ou moins coloré et la plaie se cicatrise. (1)

16.° La même contagion, en agissant sur le

---

(1) Au commencement de l'an 7, le médecin chargé en chef de l'hôpital d'Alexandrie (*Sotira*, italien) avait exigé, des officiers de santé de service, l'ouverture des bubons, il avait ordonné des saignées à des moribonds. Après la perte de deux sujets, le chirurgien-major chargé du service eut une vive altercation avec ce médecin, sur l'inutilité de sa méthode. *Sotira* porta ses plaintes au général en chef Bonaparte, lequel rendit un ordre du jour, par lequel tout officier de santé qui aurait refusé d'aller au poste qui lui aurait été assigné par ses chefs, ou refusé le service, serait censé avoir déserté à l'ennemi, et jugé par un conseil de guerre. Après la perte de quatre autres sujets de la même manière, MM. les Officiers de santé en chef de l'armée obtinrent, dans l'intérêt de l'armée, la révocation de cet ordre du jour. Des barbiers indigènes firent ce service, sous les ordres des officiers de santé. Depuis, nous n'eûmes point à regretter la perte d'un seul sujet.

système entier, produit des charbons, qui commencent par des boutons noirâtres, d'un contour rouge obscur, avec douleur très-vive et brûlante, et qui se placent sur toutes les parties du corps (le cuir chevelu excepté), quoiqu'ils leur soit plus ordinaire de se fixer sur des endroits où le tissu cellulaire, et la fibre charnue, sont plus abondans ; il n'est pas rare d'en observer sur le sternum et sur le métacarpe. Les malades éprouvent une douleur très-vive, à l'endroit où les charbons commencent à paraître, ils affectent communément une figure ronde et applatie, remplis d'une sérosité jaunâtre, sans aucun signe d'inflammation ; mais d'une heure à l'autre, ce bouton s'élève, s'étend de plus en plus, son auréole s'enflamme et détruit une portion considérable des tégumens, et de la substance cellulaire, laissant une place, plus ou moins vaste et profonde, d'un noir foncé, après la séparation de la partie gangrenée. Les pétéchies, petites ou grandes, ont indistinctement lieu, sur toute l'habitude du corps, principalement sur la poitrine et le ventre, rarement sur la face ; leur couleur est ordinairement d'un pourpre foncé, dans le commencement, mais à la fin, elles sont tout-à-fait noires, sans inflammation, ni élévation ; celles qui paraissent dès le commencement de la maladie, ne sont pas aussi larges et confluentes, que celles qui surviennent plus tard, lesquelles sont d'une grandeur et d'une largeur extraordinaire ; les pétéchies nombreuses, grandes et foncées en couleur ; les vessicules larges et confluentes sont du plus sinistre présage.

Les charbons et les pétéchies qui se forment

avec la maladie, c'est-à-dire, qui ne succèdent pas au moins à quelques heures de fièvre, sont d'un augure également fâcheux.

17.° — A l'époque de la peste d'Athènes, et de celle qui ravagea l'Europe et l'Asie, sous Marc-Aurèle, on n'a point observé de bubons, ni de charbons, mais seulement la gangrène aux extrémités (*Franck*). Ces symptômes d'ailleurs s'observèrent souvent dans les maladies qui ne sont point pestilentielles; la fièvre qui survient après quelques éruptions, n'est pas toujours de la même nature, tantôt elle est inflammatoire, le pouls est alors plein, dur, accéléré, les yeux brillans, la face rouge, la peau chaude, il y a douleur de tête, les bubons se résolvent quelquefois, mais le plus souvent ils se terminent par une supuration louable, le pouls obscur, faible, inégal, la langue jaunâtre, qui devient bientôt sèche et brûlée ; les sueurs, les selles, les urines, sont d'une fétidité extrême, il y a prostration subite des forces, le malade est accablé d'une tristesse profonde, il y a stupeur, vertige, syncopes fréquentes, les yeux sont hagards, les traits diffames et les extrémités froides. A cela, se joint le délire et les convulsions, fort souvent il ne paraît aucun symptôme, qui caractérise cette maladie, ni aucune lésion interne, et le malade est presque aussitôt frappé par la fièvre que par la mort.

18.° — Les médecins et chirurgiens de l'armée d'Égypte, chargés en chef du service des hôpitaux, ont été parfaitement d'accord sur la nature des différentes maladies pestilentielles qui ont régné depuis Alexandrie, située à l'Est de Toulon sur la Méditerranée, jusqu'à Siout (Thébaïde). La division en fut faite en raison de leur invasion et de leurs symptômes apparens, en fièvre nerveuse, en fièvre putride et nerveuse. La fièvre nerveuse est la plus cruelle, et elle l'est d'autant plus, qu'elle ne laisse communément, à l'homme de l'art, aucun intervalle pour placer des médicamens salutaires. Vient ensuite la putride, dont la gravité est incontestable; mais qui permet beaucoup plus d'espoir que la précédente. Dans l'espèce inflammatoire, l'éruption des bubons annonce constamment ou la solution complète de la maladie, ou au moins un soulagement notable. Dans ce dernier cas, des sueurs soutenues achèvent ce que l'éruption semble avoir commencé. Cette espèce cède encore aux fortes hémorrhagies, qui lui sont aussi favorables, qu'elles sont dangereuses dans l'espèce putride.

19.° — Au commencement de l'an 9, chargé en chef du service pharmaceutique de l'hôpital militaire de Damiette, et membre de la commission de salubrité publique de cette province, j'ai eu lieu de remarquer que la peste se manifestait tantôt sous les symptômes d'une diathèse inflammatoire, et tantôt sous une diathèse nerveuse ou putride. (Premier exemple observé.) L'un de mes infirmiers, pour avoir voulu me montrer faire le brave, sensible aux reproches que je lui avais prodigués avec quelque raison (lâche), enleva de dessus les fioles de son carré tous les bouchons et étiquettes de papier qui les couvraient, et tout chemin faisant du lazaret à la pharmacie, il les froissait dans ses deux mains. Il fut, douze heures après, atteint d'une fièvre, que je pris d'abord pour inflammatoire. Le malade avait la bouche sèche, les yeux rouge, le visage enflammé; il éprouvait une soif ardente, se plaignait d'une douleur de tête insupportable. Mon intention fut, sur-le-champ, de lui faire une saignée, afin d'en diminuer la diathèse inflammatoire; mais, revenu à des réflexions que tout autre que moi eût faites à ma place, éloigné d'une épouse chérie, de laquelle j'avais reçu des nouvelles la veille, tout-à-fait étranger à cette obligation de services, sans l'être moins de mon zèle, je crus prudent de me borner, enfin, à le faire porter à la salle d'observation du lazaret, et suivre la maladie, de concert avec mon collègue et ami *Millioz* (1). Le lendemain, à la visite du matin, nous ne jugeâmes point à propos de le faire saigner; le malade avait essuyé, dans la nuit, une hémorrhagie; il ne pouvait articuler une parole, il avait les yeux hagards et larmoyans, la langue chargée d'un enduit très-épais et jaunâtre; ses camarades nous assurèrent qu'il n'avait fait que délirer toute la nuit, et que deux fois il avait voulu se précipiter par la fenêtre. Inspection faite aux aines, nous trouvâmes deux bubons de la grosseur d'une noisette; cinq jours après son entrée, ses bu-

---

(1) Chirurgien de première classe, chargé en chef de la partie chirurgicale de cet hôpital. Cet intrépide et heureux sujet a fourni la même carrière que nous, avec un dévouement qui ne se soutient à ce haut degré que chez l'homme vraiment passionné pour le bien public, que le danger ne rebute point.

bons furent en pleine suppuration, et ce malade, 40 jours après, sortit parfaitement guéri.

20.° — Mon domestique (Piémontais) qui, deux jours auparavant, avait ramassé le chapeau de cet infirmier tombé de dessus le cadre qui le portait, me présenta un cas opposé ; je le trouvai couché à l'écurie, entre mes deux chevaux, et tout à côté de mon petit nègre, âgé de 12 ans, le regard fixe, le visage pâle et défait, la bouche sèche, la langue chargée d'un enduit noirâtre : il avait également deux bubons aux aines, un sous l'aisselle droite, et une large échimose sous l'aisselle gauche, dans un délire sombre, qui ne lui permit pas de me rendre raison de son état. Il s'était senti atteint de ce mal, au rapport de mon nègre (que j'envoyai de suite en observation, par précaution), à la suite d'un excès d'eau-de-vie de dattes ; nous avons constamment observé que la peste attaquait plus particulièrement ceux qui avaient fait quelques abus de liqueurs spiritueuses, des plaisir de Vénus (vrai ou faux), et le plus souvent par suite de la transpiration supprimée (1). Je le fis porter au lazaret, où il mourut le lendemain, avant que les bubons eussent acquis le degré d'inflammation nécessaire pour les faire parvenir à suppuration. J'ai été témoin d'un pareil cas, au Caire. Me trouvant chez le général Dupuis, commandant ladite place, où des affaires de service m'avaient appelé, le suisse

---

(1) Il était d'usage dans ce pays de se demander, en se rencontrant : Comment suez-vous ? Usage reçu par les Indigènes et par les Français.

prévient le Général qu'un militaire venait de tomber subitement dans le parloir; le Général me pria d'aller voir ce que c'était : ce fut un carabinier de la 25.ᵉ demi-brigade de ligne tombé spontanément. Je le fis aussitôt mettre nu par deux Arabes, qui attendaient pour parler au Général, et à l'égard desquels je me vis contraint, pour être obéi, de me servir de l'autorité que nous avions sur eux. Ce militaire, d'une haute stature, avait le visage pâle et défait, les yeux éteints, les lèvres noires, la langue couverte d'un enduit noirâtre; il avait vomi beaucoup, ayant une diarrhée en même temps colliquative et convulsive, sans aucune apparence de bubons, mais tout le corps couvert de pétéchies confluentes; il déraisonnait comme un homme ivre. Son indisposition, au rapport d'un de ses camarades, avait commencé le matin (il était deux heures), à la suite d'un déjeûné où il s'était enivré avec l'eau-de-vie du pays. Je le fis conduire à la salle d'observation du lazaret, sur la rive opposée du vieux Caire, où il mourut en arrivant.

21.⁰ — La peste est de nature à n'être pas accompagnée de fièvre, ainsi que le remarquèrent, avant nous, le médecin de Pergame, et *Foreste*, *Massaria*, *Chénot*, *Walli* et plusieurs autres.

CAUSES.

22.⁰ — L'inaction, les excès de toutes espèces, la malpropreté, les mauvais alimens, les boissons dangereuses, l'air chaud et humide, les alternations immédiates du froid et du chaud, prédisposent à contracter la peste et favorisent son développement. Nous avons eu lieu de remarquer souvent que les accidens étaient d'autant plus graves que leurs causes occasionelles, où des excès de boissons avaient été plus considérables. L'espace de temps qui nous a donné le plus de malades, dans les hôpitaux, a été celui pendant lequel se sont consommées les cargaisons en vin et en eau-de-vie, de huit à dix bâtimens que nous avaient envoyés la Grèce et la Syrie.

La peur est une autre cause qui ne concourt pas moins puissamment à développer ou à aggraver la contagion, et c'est peut-être encore parce que le Turc était exempt de cette affection morale, qu'il échappait à ce terrible fléau (1).

A la crainte de la maladie, se joignait, chez le Français, la crainte d'être renfermé dans le lazaret; l'ordre de s'y rendre, ou d'y être transféré, lui paraissait un arrêt de mort. Nous ne l'avons jamais vu y entrer, sans démêler chez lui une émotion à laquelle succédait bientôt l'aliénation de toutes les facultés intellectuelles. Je puis citer un fait qui a pour cause une affection morale : Un sergent-major de la 2e demi-brigade infanterie légère, qui était entré dans le lazaret depuis huit jours, avec un bubon sous chaque aisselle, commençait à bien aller; il avait, par conséquent, atteint le neuvième jour de la maladie, ses bubons suppuraient, l'ordre des fonctions paraissait se rétablir. Les choses

---

(1) On sait jusqu'où va la stupide insouciance de cette classe d'hommes qui croient à la métempsycose.

étant en cet état, il reçoit une lettre de France dans laquelle il apprend qu'il vient de perdre sa femme, et, avec elle, son avoir. Aussitôt ses bubons se flétrissent, le délire survient, et au délire succède un assoupissement mortel : de la réception de la nouvelle à la mort, il n'y eut que cinq quarts d'heure d'intervalle.

23.° — Tout ce qui change ou modifie brusquement la manière habituelle d'être du corps, lui assure une nouvelle cause de développement; c'est ainsi que nous l'avons vu succéder tout-à-coup à un émétique pris par précaution, à un bain d'étuve, à un violent accès de colère, au sortir des bras d'une femme, à une marche précipitée, après une provocation de duel, à la suppression soit d'une diarrhée récente, soit du flux hémorroïdal.

24.° — *Assalini*, l'un des médecins de l'armée, a dit : « que la peste n'est pas produite par l'effet de la contagion, mais qu'elle est épidémique et l'effet de plusieurs causes occasionelles, telles que la chaleur, l'humidité, les exhalaisons des marais »; cependant l'opinion de ce médecin piémontais paraît contredite par l'origine des différentes pestes, et les écrivains habiles par leurs observations, au jugement desquels le concours de ces causes ne suffit point pour engendrer la peste, puisque c'est un fait incontestable que tous ceux qui partagent, avec la multitude, l'impression du même air, peuvent échapper aux attaques de la maladie, s'ils évitent le contact du germe pestilentiel qui est en circulation, en se séparant entièrement des pestiférés à une certaine distance, ainsi que de tout autre objet qui ait reçu des impressions des miasmes

25.° — La contagion dont il s'agit se communique par le contact immédiat ou médiat de l'un à l'autre individu, moyennant son foyer, ou par l'air atmosphérique qui enveloppe le malade. On entend par foyer tout ce qui est capable de recevoir et de réunir les germes de la contagion, et de les communiquer à un autre corps. Les étoffes, surtout de laine, le coton, le chanvre, le lin, la toile, le papier, les plumes, le poil des animaux, les pelleteries, les chapeaux, la soie, les chiffons, sont de ce nombre; c'est par eux que cette maladie a été apportée d'une contrée à l'autre. La peste de Marseille et celle de Toulon, y furent introduites par des balles de coton venant de la Turquie, et qu'on avait emmagasinées. Celle de Messine, y fut transportée dans des chiffons qui venaient de l'Orient. Boccage rapporte que deux cochons moururent l'instant d'après qu'ils eurent rongé les haillons d'un homme mort de la peste.

Telle a toujours été l'origine de cette maladie; son germe étant déposé sur un corps susceptible de le retenir, il peut y demeurer inerte pendant un temps considérable et le reproduire.

26.° — Alexandre *Benedictus* rapporte que des lits de plumes ont conservé la peste, et qu'ils l'ont communiquée sept ans après l'avoir reçue. *Foreste* atteste que des cordages imprégnés de ce vice ne l'ont communiqué qu'après un laps de trente ans.

Théodore *de Mayerne* cite un ouvrier de Paris qui rappela la peste dans cette ville, en tirant de vieilles hardes enfouies sous un tas de décombres : on trouve de semblables exemples à l'égard de différentes pestes qui ont eu lieu à Moscou, à Messine, à Rome et à Marseille.

27.° — L'air a été regardé, avec quelque raison, par les anciens comme un véhicule à la contagion. *Hippocrate* raconte que la peste avait son principe dans l'air (1) ; en conséquence, il fit allumer des feux dans les rues pour le détruire. *Papon* est du même avis, et plusieurs autres écrivains de ce temps, qui ont traité de cette maladie. Moi, je dis que l'air paraît peu propre à la communiquer, vu que la nature nous offre, dans l'air, la décomposition des principes contagieux, et, en effet, qui ne sait pas que c'est en exposant les marchandises en plein air, dans la ville même affectée de la peste, que l'on parvient à les désinfecter ? Et si c'était réellement l'air, les salles de nos hôpitaux, encombrées de militaires atteints de cette maladie, l'auraient infailliblement communiquée aux officiers de santé et aux infirmiers chargés de ce service.

L'expérience nous a prouvé, en Égypte, que les ventilateurs pour le renouvellement de l'air de la partie du N. et N. O. (2), sont les moyens

---

(1) L'auteur de ce mémoire ne le pense pas ainsi, d'après ses expériences sur les lieux pestiférés.

(2) Il est généralement en usage dans la capitale de l'Égypte, où les trois quarts des maisons ont leur ventilateur. C'est une grande manche en toile de lin, à l'instar de celles pratiquées l'été dans les vaisseaux de haut bord de la marine royale, qui, élevée sur les terrasses de dessus les maisons, a son ouverture vers la partie N. ; l'air s'y engouffre et va, par ce moyen, rafraîchir l'intérieur des appartemens.

les plus efficaces pour détruire la peste, ou pour s'en garantir, ce que *Rosa* a particulièrement remarqué. L'histoire nous apprend aussi que, malgré les feux qu'on alluma à Athènes et à Marscille, la maladie continua à se répandre avec une rapidité qui rendait tout secours infructueux, tandis qu'elle aurait dû diminuer, si l'air en eût été le conducteur.

En parlant de la peste de Moscou, *Merten* nous dit que l'atmosphère y était pur et incapable de nuire par ses influences. *Samailowitz*, en décrivant la peste de Moscou, où il périt 133,293 individus, observe que, quoique l'air y fût chargé d'émanations sans nombre, ceux qui évitèrent soigneusement le contact de tout corps infecté, furent exempts de cette maladie : il est indubitable que le seul attouchement des corps pestiférés peut communiquer à d'autres corps le germe contagieux qu'ils renferment, et que, par une soigneuse précaution d'éviter le contact, on est à l'abri de toute atteinte.

A la première annonce de la peste, les négocians Européens, au Caire, s'enferment dans leur kan, ou contrée (comme nous dirions le quartier des Juifs à Avignon), et dans lequel se trouve renfermée la Propagande (1), et ils ne communiquent pas au-dehors; leurs vivres, déposés à la porte du kan, y sont reçus par un portier, qui les prend avec des tenailles de fer et les plonge dans une tonne d'eau destinée à cet usage (le pain excepté, chacun pétrit chez soi). Si l'on veut leur parler, ils observent

---

(1) Grand couvent des capucins.

toujours une distance qui empêche tout contact de vêtemens ou d'haleine ; par ce moyen, ils se préservent du fléau, à moins qu'il n'arrive quelqu'infraction à la police en usage chez eux, dans pareilles circonstances (1).

28.° — Le peuple de Moscou et quelques médecins peu instruits, étaient dans la persuasion que la peste ne pouvait s'introduire dans un climat du nord, à cause du grand froid qui s'y fait sentir, et de l'éloignement de ces contrées à celles de la Turquie; ils ignoraient apparemment que, pour se garantir de la peste, il est essentiel d'éviter tout contact des corps qui en sont infectés, et ce fut précisément par l'effet de cette ignorance que la peste exerça particulièrement sa fureur meurtrière chez le bas peuple, au lieu que les personnes instruites et aisées, telles que la noblesse et les riches négocians, n'y furent point exposées, ni dans la capitale, ni dans les villes circonvoisines, étant persuadées que, pour se garantir de cette maladie, il fallait fuir tout contact de corps pestiférés, et ayant d'ailleurs les moyens économiques d'éviter toute occasion d'attouchement

---

(1) M. *Rozeti* père, négociant, Consul anglais et de Russie, me racontait un jour chez lui qu'une année un chat passa par la terrasse d'un ockuel, voisin de la contrée des Francs, parvint, par les terrasses de nos négocians du Caire, dans une maison où il n'y avait que deux personnes, dont l'une mourut quelques jours après cette infraction imprévue, et l'autre fut s'isoler sur la terrasse, la nuit et le jour pendant trois semaines; le chat fut se faire assommer dans une autre maison voisine, après quoi on le brûla et on versa dessus du fort vinaigre. Le même fait me fut également raconté par M. Magalon, consul français.

dangereux : ils respiraient cependant tous le même air ; preuve indubitable que la peste se propage par le seul contact des corps pestiférés, et qu'elle n'existe nullement dans l'atmosphère. *Thucydide* observe que les ennemis qui assiégeaient la ville d'Athènes, à l'époque où la peste l'affligeait, n'en furent point atteints.

29.º — Il est très-difficile de reconnaître la voie par laquelle la contagion se répand et se propage ; nous n'avons, à cet égard, que des probabilités, il est vrai, fondées sur des observations qui supposent plutôt le fait qu'elles ne le démontrent. Ces mêmes observations nous ayant appris quelles sont les circonstances les plus favorables au développement du germe contagieux reçu, nous indiqueront au moins celles sur lesquelles il importe davantage de fixer l'attention générale.

30.º — La contagion s'était rigoureusement circonscrite dans l'enceinte de Damiette ; quoique cette ville eût conservé toutes ses relations extérieures, quoiqu'on n'ait jamais pris aucune précaution, que contre ceux de ses habitans qui étaient certainement infectés et qui étaient aussitôt séquestrés avec le plus grand soin, nous ne nous sommes presque pas aperçus que les dehors, et à plus forte raison les lieux plus distans, aient souffert.

Un bataillon de la 25.ᵉ demi-brigade, pendant son séjour dans cette ville, fit plus de perte que tous les autres corps réunis; on le fit passer sur la rive occidentale du Nil à Mansoura (1);

---

(1) Célèbre par la défaite complète des Croisés, et où Louis IX fut fait prisonnier.

il laissa ses malades en route, et dès-lors ce bataillon fut exempt de toute infection. Il a suffi à la garnison entière, pour se mettre hors de l'atteinte des miasmes contagieux, de traverser le Nil et de camper sur la rive opposée. Ceux qui observèrent combien l'humidité de l'atmosphère, par la position topographique de cette ville, se concentrait dans les lieux étroits et couverts, dans ses maisons obscures et plus malpropres encore, dans les ockels toujours encombrés de marchandises dans tout leur intérieur, que pénètrent avec tant de difficulté la chaleur et la lumière du soleil, ne furent point surpris de voir s'y concentrer également le foyer d'une contagion. Non-seulement elle s'était renfermée dans les murs de cette ville, mais elle ne régnait, pour ainsi dire, que sur deux classes de ses habitans : les Français et les Grecs éprouvaient toute sa fureur, tandis que la multitude des Turcs était scrupuleusement épargnée. Nous comptions à peine dix Turcs, sur cent Français, Grecs ou Arméniens, cependant le nombre des premiers l'emportait de beaucoup sur les deux autres classes réunies. Pour rendre raison de ce nouveau fait, j'observai que le tempérament des Turcs était moins en rapport avec le caractère de la maladie, leur constitution plus analogue à la nature du climat, et leur genre de vie beaucoup plus sobre que celui des Grecs et des Français.

31.° — La contagion s'accumule principalement autour du malade et de ses effets ; sa voie de propagation la plus ordinaire est le contact ; elle ne se répand pas très-largement dans l'atmosphère, mais l'air peut la transporter à une courte distance. Pour ne point entasser envain des preuves sur ces différens faits, je me bornerai, avant de passer au pronostic de cette maladie, à un fait que j'ai particulièrement observé sur un pharmacien sous mes ordres, nommé Béranger, de Marseille, dont l'un des frères est employé dans les bureaux de l'administration des Domaines et Forêts, et l'autre est en ce moment malade à l'hôpital. Ce jeune pharmacien voyant passer un officier de ses amis, que la garde escortait jusques à la salle d'observation, le suivit pas à pas jusqu'à l'appartement où étaient réunis les contagieux. Au moment où la porte de cette salle fut ouverte, un courant d'air très-fort passa des malades à lui (il en était à six pas); il se sentit à l'instant comme suffoqué (j'observe que le thermomètre de la salle, ce jour-là, 11 heures du matin, 21 décembre de l'an 8, marquait 39 degrés et demi de chaleur). Je ne saurais dire ce qui le fatiguait le plus, ou une extrême difficulté de respirer, ou un vif-sentiment d'irritation qu'il éprouvait, avec battement très-fort de l'artère temporale, avec accompagnement de douleur des muscles frontaux. J'eus aussitôt recours à ce qui était le plus à ma portée au laboratoire; je lui fis avaler tout d'un trait un litre et plus d'une tisane de tamarin, aiguisée d'un demi-grain de tartrite antimonié de potasse dans l'intention double, ou de le faire vomir, ou de noyer dans des flots de liquide la cause présumée de ce gaz pestilentiel, ou de l'évacuer par des selles obligées : c'est ce qui arriva. Les pulsations des carotides et des temporales cédèrent immédiatement, mais elles furent remplacées par des douleurs vagues et intestinales. Je fis conduire mon malade à la salle d'observation, réservée aux officiers de la garnison et de santé; ses douleurs, qui devenaient d'un instant à l'autre plus véhémentes, se terminèrent par des déjections copieuses, dues sans doutes aux trois ou quatre livres de ce liquide acidulé. Il fut mis en liberté le dix-huitième jour de son entrée, n'ayant paru chez lui aucun des symptômes qui caractérisent évidemment cette maladie, sans égard à une faiblesse générale avec mal de tête, douleur fixe dans l'aine droite : ces accidens n'eurent point d'autres suites. Je lui avais néanmoins ordonné les arrêts forcés à sa chambre, avec un infirmier pour le servir, et un factionnaire le jour à la porte extérieure de la rue; le soir, à la tombée de la nuit, il était sous clef. Après dix jours d'observation, il fut appelé à prendre son service dans la pharmacie seulement.

32.° — Nous n'avons fait brûler aucun effet contaminé; nous n'avons soumis qu'un très-petit nombre de personnes suspectes à la quarantaine d'observation; la simple précaution de faire totalement plonger dans le Nil les individus qui avaient eu des rapports les plus immédiats avec des sujets certainement infectés (1). Celle de laver, ou de passer à la flamme, ou d'exposer à l'air libre des vêtemens et autres choses à

---

(1) On sent que ce serait une précaution, au moins inutile, à l'égard de ceux qui auraient déjà absorbé les miasmes contagieux.

l'usage de ces mêmes personnes, n'a jamais trompé notre attente; nous trouvions ainsi, dans chacun de ces fluides pris séparément, le plus sûr préservatif d'un fléau que leur combinaison, c'est-à-dire, l'air chaud et humide, avait développé et propagé.

33.° — Le pronostic de cette maladie est, en général, des plus difficiles et des plus alarmans; les forces du malade qui se soutiennent, une légère sueur, le pouls régulier et soutenu; et si tous ces symptômes disparaissent, les nausées, l'anxiété et le vomissement, sont des signes de bon augure : la chaleur, au contraire, la fièvre violente, des sueurs excessives, la prostration subite des forces, la sécheresse et l'inflammation de l'épiderme, les yeux presque éteints, l'extinction de la voix, l'intermittence du pouls, l'hémorrhagie grave, le délire, les convulsions, le teint blême, l'odeur cadavereuse, sont autant de phénomènes redoutables.

On ne peut tirer aucun pronostic certain et invariable, ni de l'apparition des bubons, ni de leur permanence, ni de la place qu'ils occupent; une observation dément l'autre.

34.° — Cependant la peste qui, dès le commencement, est accompagnée d'une diarrhée inflammatoire, offre un pronostic favorable dans l'éruption des bubons, qui sont infailliblement la solution de la maladie, ou tout au moins un soulagement notoire chez le malade.

35.° — Les hémorrhagies sont favorables dans cette espèce, et dangereuses dans celle qui est accompagnée de diarrhée nerveuse.

36.° — En général, c'est des degrés et de la

nature de la fièvre, qu'on tire le pronostic ; celle qui est inflammatoire est bien moins à craindre que celle qui est nerveuse.

C'est à tort que des anciens médecins ont regardé les bubons, les charbons, les pétéchies, comme autant de crises de la peste, vu qu'ils se manifestent dès le commencement de la maladie, qu'ils marchent de pair avec ces symptômes constitutionnels, et que l'on n'est à l'abri de la peste, que quand ces derniers ont paru. On doit les considérer comme des symptômes qui en marquent la violence et non comme l'effet d'une détermination particulière. La rétrocession ou l'affaissement brusque et non gradué des bubons, et surtout des parotides, a été regardé, au Caire, comme promptement mortelle.

Il est surtout à craindre, toutes les fois que les éruptions sont subites, qu'elles ne s'arrêtent dans leur développement, et lorsque l'inflammation, dont elles doivent être accompagnées, ne se manifeste pas au-dehors, il est également à craindre que la douleur, qui en est inséparable, se calme tout-à-coup. Ces dernières circonstances, lors même qu'elles ne précèdent pas un affaiblissement réel, indiquent une diminution considérable, ou même l'extinction vitale dans la partie, et la mort prochaine.

37.° — Les bubons qui dégénèrent en tumeurs froides font présager une longue maladie ; en général, les bubons qui suppurent sont d'un augure favorable.

Les charbons indolens, ou qui ne se circonscrivent pas dans le commencement de la maladie, sont toujours mortels. Les pétéchies nombreuses, grandes et foncées, les vésicules larges et flasques, confluentes, sont du plus sinistre présage.

TRAITEMENT.

38.° — S'il est des maladies auxquelles il est difficile d'assigner un traitement curatif, c'est, sans contredit, la peste. Ce n'est point que sa marche fût équivoque ou fort irrégulière ; au contraire, on ne voyait que trop clairement et le but auquel elle tendait et la voie par laquelle elle se hâtait d'y arriver. Le médecin est borné à de petites ressources, et le plus souvent à n'être que le spectateur sensible de la mort. La nature ne sentait presque rien, pour seconder ses efforts ; consternée et abattue, elle se livrait à son ennemie sans aucune résistance, heureuse quand l'art survenait assez tôt et était assez puissante pour la retirer de cet état d'abattement et de stupeur : alors elle se relevait et daignait couronner son triomphe.

Les malades eux-mêmes ne cessaient d'opposer un autre obstacle à leur guérison ; quand l'invasion de la maladie était moins brusque, et tant qu'ils pouvaient déguiser leur état, ils ne cherchaient qu'à se soustraire aux prompts secours qu'ils eussent dû réclamer. La crainte d'être sequestrés de la société et renfermés dans un lieu que le préjugé charge des plus noires couleurs, les occupait seuls ; ils n'écoutaient que sa voix ; jusqu'à ce que la voix plus forte du sentiment de leur perte, les ramenât à la raison.

39.° — On ne saurait obtenir un traitement parfait des remèdes qui attaquent directement le principe contagieux ; mais comme la médecine n'en connaît encore aucun de cette nature, en abandonnant la cause de la maladie, elle se borne à traiter les symptômes. Les contagions, dit *Rubini*, sont d'une nature telle qu'introduites dans le corps, elles produisent une maladie que l'on ne peut arrêter ni modifier avec des remèdes.

40.° — Le traitement de la peste se divise en prophilactique et en thérapeutique; la première, consiste dans les moyens indiqués par l'hygiène publique et privée : la sequestration est le premier moyen que la police publique puisse employer pour écarter la contagion pestilentielle; c'est sur ces moyens surtout qu'a insisté particulièrement le professeur *Bunina*, dans ses sages considérations sur la peste.

Les hardes suspectes doivent être exposées et lavées soigneusement dans l'eau pure, ou mêlée avec des acides muriatiques oxigénés, suivant la méthode de *Guiton Morveau*, ou nitriques d'après celle de *Smith*, et non pas les absurdes parfums qui sont encore en usage dans les lazarets et les hôpitaux dans l'intérieur de l'Europe (1).

Les moyens indiqués par l'hygiène privée sont la propreté; se laver souvent, éviter le contact des corps suspects, les émotions de l'âme et les excès de tout genre, faire un usage modéré des vins et liqueurs spiritueux, renouveler le plus souvent possible l'air dans les appartemens,

---

(1) Le lazaret de Toulon est excepté de cette inutile méthode. Le gaz acide sulfurique et le manganèse remplacent les fumigations muriatiques oxigénées avec avantage ; du moins tel était le mode employé aux époques de mon service dans la marine en ce port (ans 4 et 5).

se servir des parfums sus indiqués, faire un usage constant de l'éther sulfurique deux fois par jour, à la dose de 10 à 15 gouttes sur un morceau de sucre, tant que la contagion régnera soit dans la ville, soit dans le voisinage.

41.° — Plusieurs auteurs, tels que *Baldwin* (1), *Walli*, *Franck* et autres, ont observé, et je l'ai particulièrement observé moi-même sur les lieux de la contagion, que les porteurs d'eau et les marchands d'huile étaient ordinairement exempts de la peste. Cette observation fut faite si à propos en Égypte, par nos médecins également, qu'ils regardèrent que les onctions et frictions huileuses pouvaient être comprises, avec avantage, comme moyen préservatif et comme moyen curatif de cette maladie.

Assalini et *Papon* pensent que l'huile agit en bouchant les extrémités des vaisseaux absorbans. *Walli* accorde à l'huile la faculté de décomposer les principes contagieux; cependant M. *Desgenettes* remarque qu'il n'y a rien de déterminé avec précision sur l'efficacité du traitement par les onctions ou frictions huileuses, employées envain dans nos divers hôpitaux de l'armée.

Quand au traitement curatif, il faut avouer d'abord que la médecine ne connaît aucun médicament qui puisse mériter le titre de spécifique, c'est-à-dire, qui ait la force de combattre et d'anéantir le principe inconnu de cette maladie.

42.° — Pour diriger le traitement, nos médecins se sont toujours bornés à considérer la

---

(1) Relations du Consul S. *Baldwin.*

nature de la fièvre ; aussi la peste, qui est combinée avec les symptômes d'une fièvre inflammatoire, tels que la chaleur, la soif, les urines rouges, le visage enflammé, le délire furieux ou frénétique, ne demande que la méthode antiphlogistique ; si la saignée mérite, à quelque titre, d'être citée, elle convient dans le commencement de la maladie ; mais elle doit être faite avec beaucoup de circonspection. Si elle a été quelquefois utile dans la fièvre inflammatoire, elle a toujours été mortelle dans la putride et la nerveuse ; et le mieux, suivant moi, c'est, par prudence, de ne la tenter dans aucun cas, par la raison qu'il y a à parier que l'on ne sauvera point son malade, et que le chirurgien bien portant courra le risque de perdre la vie avec son malade, sans autre gloire que celle du sacrifice de son existence. Néanmoins, *Sydenham* la recommande indistinctement dès le commencement de la maladie ; *Diemerbrott* l'a trouvée très-utile dans la peste de Nimègue ; *Russel*, dans celle d'Alep de 1744 ; *Pugnet*, dans celle de Syrie ; *Walli*, dans celle de Smyrne ; *Sotira*, suivant lui, dans celle d'Alexandrie ; *Samaïlowitz* et autres. Entendons le médecin *Pugnet* lui-même, chargé de l'hôpital du Mont-Carmel, se féliciter d'avoir, avec quelque succès, employé la saignée dans son traitement médical, et finir par la répudier comme nuisible dans la peste de Damiette, en l'an 8. En parlant des frictions mercurielles, « Nous l'avons, dit-il, ordonnée à des sujets robustes, chez lesquels elle nous semblait être indiquée par un pouls dur et fréquent, une vive chaleur, une grande difficulté à res-

5

irer, une forte douleur de tête, une face pléthorique, etc.; nous l'avons faite pratiquer graduellement et sous nos yeux; nous avons fait couler le sang, et des parties supérieures et des extrémités inférieures; jamais elle n'a répondu à notre attente, ou si quelquefois elle a procuré du soulagement, c'était un soulagement trompeur qui naissait de l'abattement général. » Il la regarde, en conséquence, comme un moyen médical qui est en même temps trop et trop peu énergique; trop, si on considère l'état des forces; trop peu, si on la dirige contre l'altération que la contagion a pu introduire.

43.° — Dans celle qui est compliquée de fièvre gastrique ou nerveuse, l'émétique, pris dès la première atteinte, produit de bons effets, soit qu'il chasse les miasmes qui affectent d'abord les organes de la digestion, soit qu'il procure d'autres déversions utiles, et prévient souvent les graves diarrhées; administré plus tard, il est très-dangereux.

44.° — Dans celle qui est marquée par des symptômes de fièvre nerveuse, le vin offre une boisson propice et un cordial bienfaisant: les remèdes stimulans sont alors nécessaires, tels sont le quinquina, la serpentaire de Virginie, qui, comme le dit *Alibert*, en parlant du quinquina, c'est un des corroborans les plus actifs, au sein de cette faiblesse, ou, disons plutôt, de cette sydération universelle du système des forces.

Assalini regarde le quinquina, non-seulement comme tonique, mais encore comme préservatif; il l'administrait à fortes doses, pour arrêter les progrès du charbon; la contrayerna, la serpentaire, le camphre, l'éther, l'air vital, l'opium, les bains tempérés, les frictions spiritueuses, l'ammoniaque, les épispastiques, sont de ce genre. Les vésicatoires, les rubéfians et tous les stimulans externes ont été employés sans fruit. La faiblesse qu'elle amenait consécutivement était d'autant plus grande, que ses premiers effets d'excitation avaient été plus marqués.

45.° — Lorsqu'on s'avisait de débuter par ces médicamens (les excitans internes), ou de les administrer avant d'avoir levé l'obstacle que leur opposait l'embarras des premières voies, on était bien sûr de changer aussitôt le type de la fièvre, et de la rendre continue.

Voilà un aperçu de plan de curation; il me resterait à indiquer les topiques qu'on était d'usage d'appliquer sur les bubons et les charbons; mais il me suffira de dire que l'on est de plus en plus convaincu que la maladie générale doit seule fixer les vues du médecin, que ces accidens locaux ne méritent presque aucune considération particulière, je ne dis pas quant au pronostic, mais quant au traitement. Au reste, le traitement externe est tout simple : on applique des cataplasmes émolliens sur les bubons, dès les premiers signes de leur développement; on les rend plus maturatifs, par l'addition de l'oseille ou des oignons de Sicile cuits. Si le bubon vient à maturité, on l'ouvre aussitôt; pour les charbons, il faut les brûler en les circonscrivant avec le nitrate d'argent fondu, ou avec le cautère actuel, en pansant les ulcères avec un digestif composé et aloétique, ou le styrax mêlé avec un peu de térébenthine, précédée par la décoction de quinquina.

C'est d'après de si faibles ressources, que cette maladie a été regardée jusqu'à présent, ainsi que la fièvre jaune, comme au-dessus des forces humaines et envisagée comme

Un mal qui répand la terreur,
Mal que le ciel en sa fureur
Inventa pour punir les crimes de la terre.

THÈSES.

Anatomie. — 1.° Le corion constitue l'une des parties essentielles du derme. 2.° Une très-grande quantité de vaisseaux absorbans, entre comme partie constituante du derme.

Phisiologie. — 1.° La peau est l'organe de l'inhalaison. 2.° Cette propriété particulière du système dermoïde est surtout prouvé par l'absortion des différens principes contagieux.

Chimie. — 1.° L'analyse chimique du tissu cutané, prouve qu'il ne ressemble pas exactement au tissu cellulaire membraneux. 2.° La nature et la composition chimique des principes contagieux, ne sont pas connus.

Hygiène et médecine légale. — 1.° La séquestration est le seul moyen que la police publique puisse employer, pour écarter de nos frontières, par un mur de fer impénétrable, à la contagion pestilles ou la fièvre jaune. 2.° La peste, est parmi les maladies contagieuses aiguës, une de celle qui sont fréquemment dissimulée par ceux qui cherchent à se soustraire à la séquestration.

Matière médicale. — 1.° L'écorce Péruvienne est un des corroborans les plus actifs dans sa sydération universelle du système des forces qui accompagnent la peste.

Clinique interne. — 1.° Le traitement de la peste doit être dirigé à la diathèse qui l'accompagne. 2.° En conséquence, tantôt la méthode anti-phlogistique, ou débilitante, lui convient, et tantôt la tonique.

Terminé à Marseille, en avril 1822.

Crouzet.

www.ingramcontent.com/pod-product-compliance
Lightning Source LLC
Chambersburg PA
CBHW060510050426
42451CB00009B/911